BEI GRIN MACHT SICH IHR WISSEN BEZAHLT

Unternehmenskultur und Wirtschaftsethik

Saskia Haschke

Bibliografische Information der Deutschen Nationalbibliothek:

Die Deutsche Nationalbibliothek verzeichnet diese Publikation in der Deutschen Nationalbibliografie; detaillierte bibliografische Daten sind im Internet über http://dnb.d-nb.de abrufbar.

ISBN: 9783346800565
Dieses Buch ist auch als E-Book erhältlich.

Das Buch bei GRIN: https://www.grin.com/document/1278621

Einsendeaufgabe (Sonderprüfung):

Unternehmenskultur und Wirtschaftsethik

Abgegeben am: 03. April 2020

Modul: Unternehmenskultur und Wirtschaftsethik (6. Semester)

Studiengang: Betriebswirtschaft und Management (B.A.)

von

Saskia Haschke

Inhaltsverzeichnis
(Alternative C)

Abkürzungsverzeichnis

bzw.	beziehungsweise
o. ä.	oder ähnlich
o. J.	ohne Jahr
u. a.	unter anderem
Vgl.	Vergleich
z. B.	zum Beispiel

Abbildungsverzeichnis

Aufgabe 1

1.1 Definition der Pflichtenethik, des Utilitarismus und des Stakeholder-Ansatzes

Immanuel Kant (1724-1804), einer der bedeutendsten Denker und Philosophen der Geschichte, war einer der Ersten, der sich mit der Frage auseinandersetzte, wie der Mensch für sich selbst erkennen kann, was moralisch richtig oder falsch ist. Auf diese Weise entstand Kants Version der **Pflichtenethik**, eines der wichtigsten ethischen Systeme der deontologischen Ethik, für die die Über-legungen, die einer Handlung zu Grunde liegen, entscheidend sind und nicht etwa die Folgen oder Konsequenzen einer Handlung.[1]

Nach Kant ist die zentrale Frage der Pflichtenethik: „Was sollen wir tun?", denn in einer Situation, in der es mehrere Handlungsmöglichkeiten gibt, stellt sich die Frage, welches Verhalten ethisch richtig ist. Kant antwortet darauf, dass zu einem ethischen Verhalten die Handlungen gehören, zu denen wir verpflichtet sind und dass die Befolgung dieser Pflichten dann moralisch gut ist, wenn nicht etwa die Angst vor Strafen oder Eigennutz zur Befolgung geführt hat, sondern die innere Einstellung und Überzeugung. Dadurch entsteht eine Abgrenzung zu Handlungs-weisen, die der Mensch gerne macht, weil sie ihm Freude bereiten.[2]

Kant wollte außerdem herausfinden, wie der Verstand gutes Verhalten erkennt. Es kristallisierten sich vier Handlungsprinzipien heraus, die ein Individuum in bestimmten Situationen in seinem Verhalten berücksichtigt. Laut Kant handelt ein Mensch dann moralisch richtig, wenn er gemäß autonom gewählten (1), universell gültigen (2), formellen (3) und kategorischen (4) Maximen bzw. Leitsätzen agiert.[3]

Nur der Wille ermöglicht es zwischen den verschiedenen Maximen zu wählen und das eigene Handeln nach den individuellen Vorstellungen selbst zu gestalten. Der Wille ist dementsprechend die einzige menschliche Fähigkeit, mit der man sich gegen die natürlichen, also nicht selbst gewählten, Neigungen, wie z. B. Begierde oder Empfindungen, durchsetzen kann. Folglich stellt nur der Wille

---

[1] Vgl. *Bauer/Arenberg* (2018), S. 23; Vgl. *Comenius Institut* (o. J.); Vgl. *G+J Medien GmbH* (o. J.); Vgl. *Holzmann* (2019), S. 41; Vgl. *Renz/Frischherz/Wettstein* (2015), S. 10

[2] Vgl. *BRG Dornbirn-Schoren* (o. J.); Vgl. *Renz/Frischherz/Wettstein* (2015), S. 10

[3] Vgl. *Holzmann* (2019), S. 41; Vgl. *Renz/Frischherz/Wettstein* (2015), S. 10

ein moralisches Bewertungskriterium dar, da ausschließlich die Willenskraft vom Menschen vollständig kontrolliert werden kann.[4]

Zusammengefasst handelt nach Immanuel Kant nur derjenige moralisch richtig, der "aus Pflicht" handelt, denn nur derjenige, der sich über seine eigenen natürlichen Neigungen hinwegsetzen kann, agiert als freies Individuum. Problematisch an der Pflichtenethik ist nur, dass die Folgen der Handlung völlig unbeachtet bleiben, denn würde man den verbindlichen Handlungsnormen streng folgen, dann müsste man beispielsweise einem Verbrecher auch den Aufenthaltsort seines Opfers verraten, um nicht gegen das Verbot des Lügens zu verstoßen. Oft wird kritisiert, dass die Pflichtenethik bei konkreten Handlungs-weisen und den Folgen zu abstrakt und zu allgemein bleibt, obwohl gerade diesen Punkten mehr Bedeutung beigemessen werden sollte.[5]

Der **Utilitarismus** (abgeleitet aus dem Lateinischen: utilis = nützlich), der u. a. von Jeremy Bentham (1738-1832) und John Stuart Mill (1806-1873) konzipiert wurde, ist hingegen eine spezielle Form der konsequentialistischen Ethik, die die Handlungen ausschließlich danach beurteilt, wie gut oder erstrebenswert ihre Folgen sind. Der Utilitarismus unterscheidet sich daher maßgeblich von der Pflichtenethik, die der deontologischen Ethik zugeordnet wird.[6]

Das Ziel der utilitaristischen Theorie ist das Erreichen eines größtmöglichen Glücks für eine größtmögliche Anzahl von Personen. Schon früh wurde der "Nutzen" als "Glück" definiert und gilt somit als Synonym für etwas moralisch Gutes. Laut Utilitarismus sollen demzufolge die Handlungen bevorzugt werden bzw. gelten nur die Handlungen als moralisch korrekt, die unter allen Handlungsalternativen den größten Gesamtnutzen, also ein Maximum an Freude und ein Minimum an Leid, für alle Beteiligten erzeugen. Man kann daran erkennen, dass im Utilitarismus auch alle anderen empfindungsfähigen Wesen, auf die das Verhalten Auswirkungen haben kann, berücksichtigt werden und nicht nur das handelnde Individuum im Vordergrund steht.[7]

John Stuart Mill entwickelte den Utilitarismus jedoch noch ein Stück weiter und

---

[4] Vgl. *Holzmann* (2019), S. 42
[5] Vgl. *Holzmann* (2019), S. 42; Vgl. *Renz/Frischherz/Wettstein* (2015), S. 11
[6] Vgl. *Bauer/Arenberg* (2018), S. 23, 29; Vgl. *Enzyklo.de* (o. J.); Vgl. *Johannes Heinle* (2017); Vgl. *Weiß/Zirfas* (2020), S. 216
[7] Vgl. *Johannes Heinle* (2017); Vgl. *Weiß/Zirfas* (2020), S. 216-217

verfeinerte ihn. Mill wollte die Gefühlszustände der Menschen auch hinsichtlich ihrer Qualität differenzieren und nicht nur quantifiziert betrachten. Sein Ansatz beinhaltet die Messbarkeit von Glück, denn Mill ging davon aus, dass Freude und Leid von jeder Person anders beurteilt wird und infolgedessen die Qualität des Glücks unterteilt werden muss. Das Gute weist demnach keine Eindimensionalität auf, sondern ist deutlich komplexer und diverser. Schlussendlich ging es John Stuart Mill darum, möglichst viele Erfahrungen zu sammeln und die Mehrheit darüber entscheiden zu lassen, was eine Gesellschaft für gut oder schlecht hält.[8]

Im Rahmen des strategischen Managements und der Betriebswirtschaftslehre fällt häufig der Begriff "**Stakeholder-Ansatz**".[9]
Als Stakeholder (bedeutet im Englischen so viel wie "Teilhaber") bezeichnet man alle Personen, Gruppen oder Institutionen, die Erwartungen an ein Unternehmen haben und somit auch einen gewissen Einfluss auf die Organisation ausüben. Stakeholder haben jeweils eigene Interessen und sind entweder direkt oder indirekt in die Aktivitäten eines Unternehmens involviert. Beispiele für typische Stakeholder sind Kunden, Mitarbeiter, Lieferanten, Banken und andere Kapitalgeber, Eigentümer oder auch die Öffentlichkeit.[10]
Der Stakeholder-Ansatz gehört schon längst zu den wichtigsten Modellen der Unternehmensführung, denn es hilft den Organisationen dabei ihre Entscheidungen so zu treffen, dass am Ende wirklich alle Beteiligten zufrieden sind. Entsprechend basiert der Stakeholder-Ansatz auf dem Gedanken, dass eine Organisation niemals unabhängig und frei handelt, sondern immer mit den Interessensgruppen, den Stakeholdern, interagiert.[11]
Der Ansatz beschäftigt sich infolgedessen mit der Identifikation und der Analyse der Stakeholder, um dadurch die Erwartungen, Interessen, Anforderungen und Einflussmöglichkeiten der Interessensgruppen aufdecken zu können und somit das Ziel des Modells, die Gewährleistung einer langfristigen Zusammenarbeit, zu erreichen. Darüber hinaus hilft das Stakeholder-Konzept dabei, die Bedeutung der einzelnen Interessensgruppen einschätzen zu können und damit verbundene

---

[8] Vgl. *AVE Institut gGmbH* (2019); Vgl. *Weiß/Zirfas* (2020), S. 217
[9] Vgl. *b-wise GmbH* (2016); Vgl. *Siegel* (2020), S. 19
[10] Vgl. *b-wise GmbH* (2016); Vgl. *Siegel* (2020), S. 19
[11] Vgl. *Modulearn* (o. J.); Vgl. *Siegel* (2020), S. 19

Potenziale und Chancen sowie Gefahren und Risiken bewerten zu können, um bei Bedarf frühestmöglich Gegenmaßnahmen einleiten zu können. Außerdem möchte man mit den eruierten Erwartungen, Interessen und Anforderungen der Interessensgruppen herausfinden, welche hilfreichen Einflüsse für das eigene Unternehmen genutzt werden können und welche schädlichen Einflüsse vom Unternehmen ferngehalten werden müssen.[12]

Werden die Einflussmöglichkeiten, Erwartungen und Anforderungen der Stakeholder jedoch missachtet, dann birgt dies ein großes Risiko, dass sogar die Existenz des Unternehmens bedrohen kann.[13]

1.2 Inwieweit sind die Ansätze der Pflichtenethik und des Utilitarismus mit der Stakeholder-Theorie vereinbar und inwiefern legen die zwei Perspektiven unterschiedliche Verpflichtungen gegenüber den Interessensgruppen nahe?

Da die Pflichtenethik und der Utilitarismus jeweils unterschiedlichen Ethiktypen angehören, sind auch die Verpflichtungen gegenüber den Stakeholdern sehr unterschiedlich.[14]

Die Pflichtenethik, die der deontologischen Ethik zugeordnet wird, schafft durch das Setzen verbindlicher Verpflichtungen eine Art Orientierungsstütze. In Punkt 1.1 wurde noch nicht erwähnt, dass Kants Ethiktheorie außerdem beinhaltet, dass moralisch ethisches Handeln bedeutet, anderen Menschen nicht das aufzuerlegen, was man sich auch nicht für sich selbst wünscht. Folglich ist ein Kriterium der Pflichtenethik die Fähigkeit der rationalen Wahrnehmung von Gut und Böse und der Absicht sowie Bereitschaft der Menschen moralisch ethisch korrekt handeln zu wollen.[15]

Des Weiteren besagt die Pflichtenethik, dass die Menschen um einen herum als autonome und rationale Akteure gesehen werden sollen und so auch behandelt werden müssen. Eine Verpflichtung der Pflichtenethik gegenüber den Interessensgruppen ist demnach, dass der Stakeholder zum "Zweck" genutzt

[12] Vgl. *b-wise GmbH* (2016); Vgl. *Siegel* (2020), S. 19-20
[13] Vgl. *Siegel* (2020), S. 20
[14] Vgl. *Bauer/Arenberg* (2018), S. 23
[15] Vgl. *Bauer/Arenberg* (2018), S. 23, 31

werden darf, jedoch niemals bloß als "Mittel". Wird beispielsweise ein Angestellter für eine bestimmte Position eingesetzt, dann wird er in diesem Fall durchaus als "Mittel" genutzt, allerdings sollte zeitgleich der Einsatz als "Zweck" erfolgen. Jemanden oder etwas als "Zweck" zu gebrauchen bedeutet, dass man ihn nicht als Instrument ansieht oder seinen Nutzwert abschätzt, sondern ihn um seiner selbst willen anerkennt.[16]

Kants Pflichtenethik schafft daher die Grundlage für den Stakeholder-Ansatz und fordert, dass die Stakeholder als Gruppen mit eigenen berechtigten Interessen und Zielen gesehen werden, anstatt sie ausschließlich als Mittel zum Zweck zu nutzen. Zu den Verpflichtungen der Unternehmen gehört somit auch, den Stakeholdern einen gewissen Grad an Einfluss zu erlauben und sie würdevoll zu behandeln.[17]

Anhand eines Beispiels kann man die Anwendung der Pflichtenethik im Unternehmensbereich noch stärker verdeutlichen. Wenn ein deutsches Unternehmen bei Lieferanten aus Entwicklungsländern einkauft, dann muss man auch bedenken, dass die Wahrscheinlichkeit hoch ist, dass Kinder dort als Arbeitskräfte eingesetzt werden und sich als Organisation deshalb fragen, ob dies vom Unternehmen unterstützt werden soll. Laut Kant sind Kinder noch nicht in der Lage dazu, vollkommen vernünftig und selbstbestimmt handeln zu können. Sie müssen dementsprechend davor geschützt werden als bloßes Mittel zum Zweck benutzt zu werden. In diesem Fall wird jedoch häufig die Begründung vorgeschoben, dass die Armut in den Entwicklungsländern die Familien dazu treibt, ihre Kinder zur Arbeit zu schicken. Aus Sicht der Pflichtenethik haben die Unternehmen aber die Verpflichtung dafür zu sorgen, dass die Kinder nicht völlig instrumentalisiert werden. Die Aufgabe des Unternehmens wäre in diesem Beispiel, dass die Lieferanten (Stakeholder) insoweit beeinflusst werden, dass sichergestellt werden kann, dass den Kindern die Schulbildung und eine kindgerechte Entwicklung zuteilwerden.[18]

Der Utilitarismus wird hingegen der konsequentialistischen Ethik zugeordnet. Dies bedeutet, dass ein Verhalten bzw. eine Handlung nur dann moralisch korrekt ist, wenn sie der Mehrzahl der Menschen den größtmöglichen Nutzen bringt.

---

[16] Vgl. *Bauer/Arenberg* (2018), S. 24; Vgl. *BRG Dornbirn-Schoren* (o. J.); Vgl. *RWF UZH* (2015)
[17] Vgl. *Bauer/Arenberg* (2018), S. 66
[18] Vgl. *Bauer/Arenberg* (2018), S. 25

Handelt ein Unternehmen utilitaristisch und wiegt die Folgen seiner Entscheidungen und Aktivitäten ab, dann beinhaltet dies, dass der Schaden bzw. der Nutzen aller Beteiligten, also auch der Stakeholder, berücksichtigt wird und das Unternehmen nicht nur sich allein in den Vordergrund stellt.[19]

Die utilitaristische Theorie lässt sich insofern mit dem Stakeholder-Ansatz vereinbaren, als dass die einzelnen Interessensgruppen hier instrumentell behandelt werden dürfen, um der größtmöglichen Anzahl von Menschen das größte Gut zu verschaffen.[20]

Ein allgemeines Beispiel für die Anwendung des Utilitarismus findet man im Bereich der Tierversuche. Auf der einen Seite wird häufig nur das Leid der Tiere gesehen. Auf der anderen Seite muss man allerdings bedenken, dass mit Hilfe von Tierversuchen Medikamente getestet werden und infolge der Medikamenten-einführung einer weitaus größeren Anzahl von Menschen großes Leid erspart bleibt. Angesichts dieser utilitaristischen Denkweise sind Tierversuche akzep-tabel.[21]

Ein weiteres Beispiel könnte man in jedem Supermarkt finden. Es wäre demnach möglich, dass eine Supermarktkette seine Zulieferer (Stakeholder) soweit unter Druck setzt, bis diese ihre Waren zu ungünstigen Konditionen liefern. Es würde sich dann um eine utilitaristische Handlungsweise der Supermarktkette handeln, wenn der Nutzen für die anderen Stakeholder, wie z. B. Kunden oder Aktionäre, die Kosten der Zulieferer, aufgrund der schlechten Konditionen, übersteigt.[22]

---

[19] Vgl. *Bauer/Arenberg* (2018), S. 23, 30, 67
[20] Vgl. *Bauer/Arenberg* (2018), S. 67
[21] Vgl. *Bauer/Arenberg* (2018), S. 30
[22] Vgl. *Bauer/Arenberg* (2018), S. 67

Aufgabe 2

2.1 Welche Hypothese wollte Robert House mithilfe der GLOBE-Studie beweisen und wurde diese Hypothese bewiesen?

Robert House, der 1932 geboren und 2011 verstorben ist, war ein anerkannter Experte der interkulturellen Führungsforschung. 1991 kam er auf die Idee ein internationales Forschungsprojekt, die GLOBE-Studie, ins Leben zu rufen, die aktuell immer noch weitergeführt wird. House wollte mit der GLOBE-Studie (GLOBE steht für Global Leadership and Organizational Behaviour Effectiveness) herausfinden, ob ein Zusammenhang zwischen der Landeskultur, der Organisationskultur, der Führung sowie der Produktivität von Unternehmen und Nationen besteht. Befragt wurden insgesamt über 17.000 Manager aus 951 Unternehmen in mehr als 60 Ländern. Mit Hilfe der Studie fand man heraus, dass es weltweite Unterschiede gibt, wie Führung wahrgenommen wird und dass diese Wahrnehmung sehr stark von der kulturellen Prägung abhängt.[23]

Aus der Studie leitete man 9 Kulturdimensionen ab, um die Eigenheiten von Kulturen unterscheiden zu können:[24]

1. Unsicherheitsvermeidung

zeigt, wie tolerant die Gesellschafts- bzw. Organisationsmitglieder mit unstrukturierten, unbekannten oder überraschenden Situationen umgehen. Tendiert ein Unternehmen bzw. eine Gesellschaft zur Unsicherheitsvermeidung, führt dies in der Regel zu einem hohen Maß an Struktur und Standardisierung.

2. Machtdistanz

beschreibt das Ausmaß, in dem Gesellschafts- oder Organisationsmitglieder mit wenig Einfluss akzeptieren, dass die Macht unterschiedlich verteilt ist. Kulturen mit einer großen Machtdistanz zeigen dies in einer starken Unternehmenshierarchie, wohingegen Kulturen mit geringer Machtdistanz flache Hierarchien und flexible Organisationsstrukturen bevorzugen.

---

[23] Vgl. *Achouri* (2015), S. 253; Vgl. *Brodbeck* (2016), S. 62, 69; Vgl. *Hagemann/Priebe/Berger* (2014), S. 107; Vgl. *Hofert* (2018), S. 61; Vgl. Stock-Homburg/Groß (2019), S. 387, 562; Vgl. *Van Dick/Fink* (2019), S. 18; Vgl. *Zuber* (2013), S. 112
[24] Vgl. *Achouri* (2015), S. 246; Vgl. *Brodbeck* (2016), S. 72; Vgl. Stock-Homburg/Groß (2019), S. 386; Vgl. *Zuber* (2013), S. 112

3. Institutioneller Kollektivismus

beschreibt das Ausmaß, inwieweit Unternehmen oder gesellschaftliche Institutionen die soziale Verteilung von Ressourcen und gemeinschaftliche Handlungsweisen fördern und belohnen.

4. Gruppen-/Familienbasierter Kollektivismus

Diese Dimension beschreibt, bis zu welchem Grad sich die einzelnen Personen mit ihrer Gruppe (Unternehmen, Familie o. ä.) identifizieren, wie stolz sie darauf sind Teil dieser Gruppe zu sein und wie loyal sie sich gegenüber der Organisation sowie der sozialen Gruppe verhalten.

5. Gleichberechtigung/Geschlechtergleichbehandlung

gibt das Ausmaß an, in dem ein Unternehmen bzw. eine Gesellschaft tatsächlich dazu beiträgt, die Differenz zwischen männlichen und weiblichen Rollen sowie entsprechende Diskriminierung zu minimieren.

6. Bestimmtheit

Diese Dimension soll zeigen, wie selbstsicher, direkt und aktiv die Mitglieder von Organisationen bzw. Gesellschaften anderen Mitgliedern gegenüber auftreten.

7. Zukunftsorientierung

zeigt das Ausmaß, in dem die Verhaltensweisen der Organisations- bzw. Gesellschaftsmitglieder, wie beispielsweise Verzicht, Investieren oder vorausschauendes Planen, zum Wohle des Wachstums gefördert bzw. eingesetzt werden.

8. Leistungsorientierung

beschreibt den Grad, mit dem die Unternehmen oder auch Gesellschaften ihre Mitarbeiter zu besonderen Leistungen sowie zur Leistungssteigerung ermutigen.

9. Humanorientierung

gibt das Ausmaß an, in dem Fairness, Großzügigkeit, Uneigennützigkeit, Freundlichkeit und Fürsorge von Unternehmens- bzw. Gesellschaftsmitgliedern gegenüber anderen Mitgliedern gefördert bzw. belohnt werden.

Mit Hilfe der Erkenntnisse aus der GLOBE-Studie und der 9 Kulturdimensionen sollte allerdings nicht nur eine, sondern gleich vier Hypothesen überprüft werden:[25]

---

[25] Vgl. *Achouri* (2015), S. 254; Vgl. *Zuber* (2013), S. 111-112

1. Die Gesellschaft hat einen signifikanten Einfluss auf die Unternehmenskultur.

2. Der Industriesektor hat einen signifikanten Einfluss auf die Unternehmens-kultur.

3. Es besteht ein signifikanter Einfluss des durch das soziale System beein-flussten Industriesektors auf die Unternehmenskultur.

4. Der Einfluss auf die Unternehmenskultur, durch den durch das soziale System beeinflussten Industriesektor, ist eine Funktion der sozialen Werte.

Hypothese 1, wonach soziale Systeme den stärksten Effekt auf alle 9 Kultur-dimensionen haben, bestätigte sich, wohingegen der Industrie nur ein sehr schwacher Einfluss auf die Unternehmenskultur nachgewiesen werden konnte und sich aus diesem Grund Hypothese 2 nicht bestätigte. Hypothese 3 konnte dagegen nur teilweise bestätigt werden, da sie nur auf 4 der 9 Kulturdimensionen zutrifft. Zu den 4 Dimensionen gehören Unsicherheitsvermeidung, Machtdistanz, Gleichberechtigung und Bestimmtheit. Genauso wie mit Hypothese 3 verhält es sich mit Hypothese 4. Auch diese konnte nur für 8 der 9 Kulturdimensionen bestätigt werden. In diesem Fall fand man heraus, dass die Dimension Machtdistanz keinen signifikanten Einfluss auf die Unternehmenskultur in Hypothese 4 hat.[26]

Die aufgestellten Hypothesen beweisen demnach, dass die Gesellschafts-mitglieder den bedeutsamsten und stärksten Einfluss auf alle Kulturdimensionen und dementsprechend auf die Kultur im Unternehmen haben. Im Gegensatz dazu konnte dem Industriesektor nur ein sehr schwacher Einfluss auf die Unter-nehmenskultur nachgewiesen werden.[27]

2.2 Welche Empfehlung kann aus dem Ergebnis für den erfolgreichen Manager in einer globalisierten Welt abgeleitet werden?

Da die GLOBE-Studie nicht nur die Kulturdimensionen umfasst, sondern auch das Führungsverhalten untersucht, kristallisierten sich mit der Zeit 6 globale Führungsdimensionen heraus, die ein erfolgreicher Manager beachten sollte:[28]

---

[26] Vgl. *Achouri* (2015), S. 254
[27] Vgl. *Achouri* (2015), S. 254
[28] Vgl. *Brodbeck* (2016), S. 136; Vgl. *Hagemann/Priebe/Berger* (2014), S, 109; Vgl. *Springer Gabler | Springer Fachmedien Wiesbaden GmbH* (o. J.); Vgl. *Wirtschaftslexikon24.com* (o. J.)

1. Charismatische/Wertorientierte Führung

Die Führungskraft motiviert ihre Mitarbeiter, auf Basis positiver Werte, dazu, die hohen Leistungserwartungen zu erfüllen. Der Manager agiert bei dieser Dimension leistungsorientiert, inspirierend, bestimmt und visionär.

2. Teamorientierte Führung

Die Führungskraft definiert die gemeinsamen Ziele und legt die Teams fest. Das Verhalten des Managers kennzeichnen hierbei Diplomatie und administrative Kompetenz sowie kollaboratives und teamintegrierendes Handeln.

3. Partizipative Führung

Diese Führungsdimension verdeutlicht die Bedeutung von Führungskräften, die ihre Mitarbeiter in die Entscheidungsfindung mit einbeziehen.

4. Humanorientierte Führung

Die Führungskraft behandelt ihre Mitarbeiter fair und höflich. Außerdem steht sie den Mitarbeitern unterstützend zur Seite und agiert umsichtig.

5. Autonomieorientierte Führung

Diese Führungsdimension fördert die Selbstständigkeit der Mitarbeiter. Sie sollen zu individuellem und voneinander unabhängigem Handeln angeregt werden.

6. Defensive Führung

Die Führungskraft agiert statusorientiert, selbstbezogen und bürokratisch.

Man muss hervorheben, dass sowohl die charismatische wie auch die team-orientierte Führung universell gelten und damit vor allem die Merkmale zeigen, die für die individuelle Mitarbeiterförderung sowie für die Teamleistungsförderung wichtig sind. Die restlichen 4 Führungsdimensionen gelten hingegen kultur-spezifisch, was bedeutet, dass sie von Land zu Land unterschiedlich sind. Was gute Führung ausmacht ist folglich wieder vom jeweiligen Kulturkreis abhängig. Die Daten der GLOBE-Studie zeigen außerdem, dass eine effektive Führung weitaus stärker von gesellschaftskulturellen Faktoren abhängt, als von geschäftlichen oder branchenspezifischen Aspekten. Die zentralen Erkenntnisse der GLOBE-Studie zeigen hinsichtlich des Führungsverhaltens, dass man Führung nicht pauschalisieren kann, da sie gesellschaftskulturell geprägt wird, und dass agiles Führen bedeutet, diese kulturelle Diversität zu berück-sichtigen.[29]

---

[29] Vgl. *Hofert* (2018), S. 60-61

Aufgabe 3

3.1 Differenzierung der Begriffe "Unternehmenskultur" und "Lernkultur" unter Einbezug von Modellen

Viele Menschen haben eine Vorstellung davon, was mit "Unternehmenskultur" gemeint ist, jedoch können sich die meisten unter dem Begriff der "Lernkultur" nicht viel vorstellen. Im Folgenden werden nun beide Begrifflichkeiten genauestens erläutert, um zu verdeutlichen, was sie voneinander unter-scheidet.[30]

Nach Edmund Heinen und Peter Dill bezeichnet man als **Unternehmenskultur**, oder auch Organisationskultur genannt, die Gesamtheit gemeinsamer Wert- und Normenvorstellungen, wie z. B. die Einstellung zum Kunden oder zur Gesell-schaft, sowie gemeinsame Denk- und Verhaltensmuster in einem Unternehmen, wie beispielsweise Formalitäten, Rituale, Sprache oder auch die Etikette. Die Kultur eines Unternehmens soll den Organisationsmitgliedern den Rahmen für Entscheidungen und Aktivitäten innerhalb des Unternehmens vorgeben.[31]

Um die Unternehmenskultur genauer erklären zu können, wird häufig **Scheins Drei-Ebenen-Modell** hinzugezogen. Edgar Schein hatte sich zur Aufgabe gemacht, Kulturen hinsichtlich ihrer Auswirkungen auf die Führung und die Organisationsentwicklung zu untersuchen. 1985 entwickelte er das Kulturmodell, dass heute vorrangig als "Eisberg-Modell" bekannt ist. Das Drei-Ebenen-Modell hat einen integrativen Ansatz, denn Schein stellt sowohl die von außen wahrgenommenen Ausprägungen in der oberen Ebene dar, wie auch die unsichtbaren Elemente in den tieferen Ebenen (siehe Abbildung 1).[32]

Die unterste Ebene bildet den existenziellen Kern der Organisation. Hier befinden sich die grundlegenden und unausgesprochenen Annahmen, also die unbe-wussten und ungeschriebenen Gesetzte, wie man als Mitglied der Organisation zu agieren hat. Durch ihre Selbstverständlichkeit üben die Grundannahmen

---

[30] Vgl. *ÜAG gGmbH* (2018)
[31] Vgl. *Bauer/Arenberg* (2018), S. 46
[32] Vgl. *Bauer/Arenberg* (2018), S. 46; Vgl. *Hagemann/Priebe/Berger* (2014), S. 21, 23;
Vgl. *Reeb Kommunikation International GmbH* (o. J.)

einen starken Einfluss auf die Unternehmenskultur aus. Beispiele für diese Ebene sind die elementaren Vorstellungen zum Sinn des Lebens sowie die Einstellung zu Themen wie z. B. Gesellschaft, Arbeit, Umwelt oder Glaube.[33]

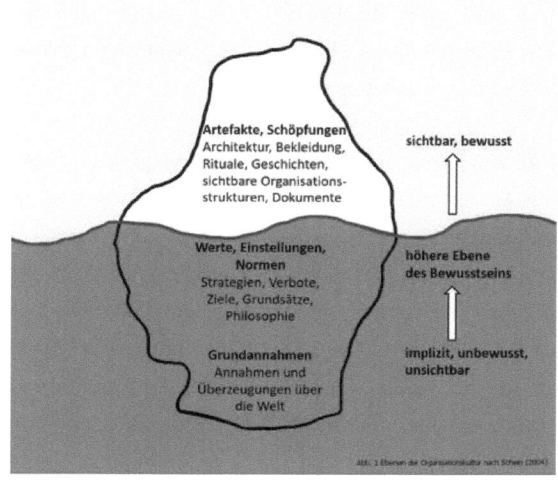

Abbildung 1: Das Drei-Ebenen-Modell bzw. das Eisberg-Modell nach Schein
(Quelle: https://www.projekt-mobile-thueringen.de/2018/06/04/das-verh%C3%A4ltnis-von-unternehmenskultur-und-lernkultur/
(abgerufen am 31.03.2020))

Die mittlere Ebene beinhaltet die dokumentierten Werte und Normen, also die anerkannten und gelebten Prinzipien und Leitlinien eines Unternehmens, die den Organisationsmitgliedern bei der Selektion und Interpretation von Informationen helfen sollen. Die Wahrnehmung der Mitglieder und demzufolge das Verhalten des Einzelnen sollen dadurch beeinflusst und in die vom Unternehmen gewünschte Richtung gelenkt werden. Werte, wie z. B. Qualität, die Nähe zum Kunden oder auch Ziele, sollen den Mitarbeitern dabei den Weg weisen. Die Normen bilden hierbei die Verhaltensstandards, an denen sich die Mitarbeiter in verschiedensten Situationen orientieren können.[34]

---

[33] Vgl. *Bauer/Arenberg* (2018), S. 46; Vgl. *Franken* (2019), S. 197; Vgl. *Hagemann/Priebe/ Berger* (2014), S. 22; Vgl. *Reeb Kommunikation International GmbH* (o. J.)
[34] Vgl. *Bauer/Arenberg* (2018), S. 46; Vgl. *Franken* (2019), S. 198; Vgl. *Hagemann/Priebe/ Berger* (2014), S. 23

Die oberste Ebene zeigt die Artefakte und beobachtbaren Verhaltensweisen. Beispiele im kulturellen Rahmen der Organisation sind u. a. die Art und Weise der Begrüßung, spezifische Bekleidung, das Firmenlogo, Strukturen und das allgemeine Einhalten bzw. Nichteinhalten von Regeln. Die Elemente dieser Ebene sind zwar leichter erkennbar, jedoch wird deren Bedeutung für die Unternehmenskultur erst verständlich, wenn man sie vor dem Hintergrund der unteren Ebenen aus betrachtet.[35]

Die Besonderheit des Drei-Ebenen-Modells von Schein besteht darin, dass zwischen den drei Ebenen eine dynamische Wechselwirkung besteht. Im Zuge von Veränderungen, wie beispielsweise einem Wechsel der Führungsebene oder einem Wertewandel in der Gesellschaft, lassen sich die verschiedenen Grundannahmen, Werte und Normen sowie Artefakte herauslösen, verschieben oder neue Elemente hinzufügen. Darüber hinaus können die Beeinflussungsprozesse nicht nur von unten nach oben verlaufen, sondern auch umgekehrt. Neue Vorgehensweisen im Unternehmen ziehen gegebenenfalls eine Veränderung der Werte und Normen mit sich, was wiederum neue Grundannahmen erforderlich macht, und umgekehrt. In der Praxis gilt die Unternehmenskultur von Organisationen im Grunde als sehr stabil. Außerhalb des Modells lässt sie sich allerdings nur schwer verändern, denn wer kennt nicht den Satz: „Das war hier schon immer so!"[36]

Ein Teil der Unternehmenskultur ist die **Lernkultur**, die definiert werden kann als die Gesamtheit der Denkmuster, Wertvorstellungen, Handlungsweisen und Rahmenbedingungen einer Organisation in Bezug auf die Förderung und Pflege von Lernen im Unternehmen. Der Begriff "Lernkultur" drückt sozusagen aus, welchen Stellenwert das Lernen in einem Unternehmen hat.[37]
Die Lernkultur wird heutzutage oft mit dem **Lernmodell von Chris Argyris und Donald Schön** aus den 1970er Jahren verknüpft, dass ebenfalls drei Ebenen unterscheidet (siehe Abbildung 2). Argyris und Schön beschreiben mit ihrem Modell den Prozess des organisationalen Lernens, also den Prozess, durch den

---

[35] Vgl. *Bauer/Arenberg* (2018), S. 46; Vgl. *Franken* (2019), S. 199; Vgl. *Hagemann/Priebe/ Berger* (2014), S. 23; Vgl. *Reeb Kommunikation International GmbH* (o. J.)
[36] Vgl. *Franken* (2019), S. 199; Vgl. *ÜAG gGmbH* (2018)
[37] Vgl. *ÜAG gGmbH* (2018); Vgl. *Wolters Kluwer Deutschland GmbH* (o. J.)

sich ein Unternehmen im Laufe der Zeit verbessert aufgrunddessen, dass Erfahrungen gesammelt und diese für die Weiterentwicklung der Organisation genutzt werden. Das organisationale Lernen ist für jedes Unternehmen von großer Bedeutung, denn nur so kann der Wissenstransfer innerhalb der Organisation auf lange Sicht funktionieren.[38]

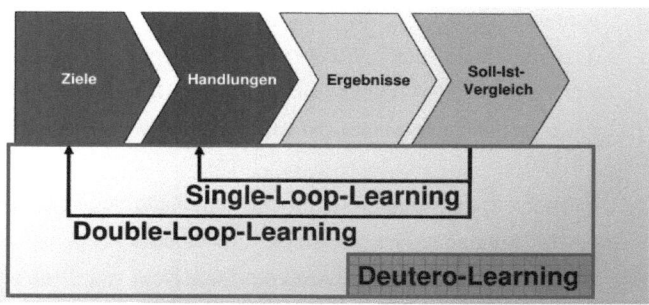

Abbildung 2: Das Lernmodell nach Argyris & Schön
(Quelle: https://de.slideshare.net/TobiasIllig/9-fh-heidelbergorganisationslernen (abgerufen am 31.03.2020))

In Ebene 1, dem Single-Loop-Learning, findet ein einfaches Verbesserungs-lernen mit Hilfe eines einfachen Prozesses statt. Die strategische Ausrichtung des Unternehmens wird dabei beibehalten. Nach und nach lernen die Organi-sationsmitglieder auf Veränderungen des Arbeitsprozesses zu reagieren und die aufkommenden Fehler so zu korrigieren, dass der gewohnte Ablauf beibehalten wird. Organisatorische Regeln, Normen, Werthaltungen und Ziele bleiben dabei völlig unberührt und werden nicht in Frage gestellt. Anhand der Ausführungen kann man erkennen, dass beim Single-Loop-Learning das Handlungsergebnis des Organisationsmitgliedes direkt mit den Handlungsstrategien des Unter-nehmens verbunden ist. Ein Beispiel für diese Ebene ist der Umgang mit Kundenreklamationen innerhalb eines Betriebes. Die Reklamationen führen zwar zur Verbesserung des Produktes, jedoch hat dies nicht zur Folge, dass das Produkt an sich oder der Herstellungsprozess in Frage gestellt wird.[39]

---

[38] Vgl. *Hagemann/Priebe/Berger* (2014), S. 74; Vgl. *Lucht* (2019), S. 340; Vgl. *Valamis Group Oy* (o. J.)
[39] Vgl. *Hagemann/Priebe/Berger* (2014), S. 75; Vgl. *Lucht* (2019), S. 340; Vgl. *Spektrum der Wissenschaft Verlagsgesellschaft mbH* (o. J.)

Ebene 2, das <u>Double-Loop-Learning</u>, unterscheidet sich insofern von der vorherigen Ebene, dass eine Änderung der grundsätzlichen Handlungsweise und der strategischen Ausrichtung stattfindet, da dem Unternehmen bewusst wird, dass eine schrittweise Veränderung langfristig nicht zum Erfolg führt. Es werden zum einen tiefere Ursachen für Fehler hinterfragt und zum anderen Umweltbeobachtungen sowie die entdeckten Fehler dafür genutzt, um sich mit den aktuellen Zielen, Vorgehensweisen, Werten und Normen der Organisation auseinander zu setzen. Führt man das Beispiel aus Ebene 1 fort, so würde man jetzt beim Double-Loop-Learning das Produktportfolio überprüfen und bei Bedarf neue Produkte entwickeln, die den Bedürfnissen der Kunden eher entsprechen.[40]

In Ebene 3, dem <u>Deutero-Learning</u>, kommt die Selbstreflexion der Lernprozesse hinzu. Anhand psychologischer Lernversuche konnte man ermitteln, dass Personen während des Lernprozesses nicht nur Problemlösungen eruieren, sondern mit der Zeit Strategien entwickeln, um besser auf Veränderungen reagieren zu können und infolgedessen innovative Lösungen zu finden. Diese Ebene ermöglicht Organisationen somit das erfolgreiche Lernen zu lernen.[41]

Mittlerweile wurden sogar Erhebungs- und Messinstrumente entwickelt, die die Lernkultur einer Organisation erfassen können, denn ihr Nutzen aufseiten der Unternehmen ist groß. Eine gute Lernkultur, also eine lernförderliche Umgebung, spornt die Mitarbeiter an und steigert ihre Zufriedenheit, sodass auf Veränderungen folglich besser reagiert werden kann. Hinzu kommt, dass eine positive Lernkultur die Mitarbeitergewinnung und -bindung erleichtert sowie zu einer höheren Flexibilität des Unternehmens beiträgt.[42]

3.2 Worin unterscheiden sich Enkulturation und Sozialisation?

In die Differenzierung von Unternehmenskultur und Lernkultur lässt sich zusätzlich der Begriff der **"Enkulturation"** einordnen. Da man als neugeborener

---

[40] Vgl. *Hagemann/Priebe/Berger* (2014), S. 75; Vgl. *Lucht* (2019), S. 340; Vgl. *Spektrum der Wissenschaft Verlagsgesellschaft mbH* (o. J.)
[41] Vgl. *Hagemann/Priebe/Berger* (2014), S. 75; Vgl. *Lucht* (2019), S. 340; Vgl. *Spektrum der Wissenschaft Verlagsgesellschaft mbH* (o. J.)
[42] Vgl. *ÜAG gGmbH* (2018)

Mensch die Welt kulturlos erblickt, bezeichnet man als Enkulturation das Hineinwachsen in die kulturelle Lebenswelt. Der Lernprozess erfolgt dementsprechend unbewusst, da der Mensch in die Kultur hineinwächst, die ihn in seiner Kindheit umgibt. Grundverhaltensweisen und das Denken dieses Kulturkreises werden aufgrund dessen automatisch übernommen. Die Kultur und der Mensch als Individuum stehen hierbei in Wechselwirkung zueinander, was die Enkulturation zu einem dynamischen Prozess macht. Eltern, Gleichaltrige oder auch die Schule wirken dabei als kulturelle Institutionen und Instanzen auf das Individuum ein und gleichzeitig wird der Mensch selbst zum Akteur, indem er die kulturelle Umgebung aktiv mitgestaltet. Infolgedessen wird die Kultur in der Sozialforschung als "Produkt" und zugleich als "Prozess" angesehen.[43]

Ein weiterer Begriff, der häufig in Verbindung mit der Enkulturation verwendet wird, ist die **"Sozialisation"**. Mit dem Erlernen der Kultur, also der Enkulturation, geht die Sozialisationsphase einher, in der der Mensch das Normen- und Wertesystem annimmt sowie Verhaltensstandards und Rollen erlernt, die sich in seiner gesellschaftlichen Umgebung befinden. Nicht erwünschte oder gar tabuisierte Verhaltensweisen werden abgelegt. Die Sozialisation des Menschen findet in jeder Kultur statt, allerdings nach den ganz individuellen Regeln, Normen und Werten der jeweiligen Gesellschaft. Am Ende der Sozialisation besitzt der Mensch einen Orientierungsrahmen, der es ihm ermöglicht relativ "konfliktfrei" und als handlungsfähiges soziales Wesen durchs Leben zu gehen.[44]

Bezug nehmend auf die Ausführungen in Punkt 3.1 kann man festhalten, dass die Unternehmenskultur durch die komplexen Sozialisations- und Enkulturationsprozesse vermittelt wird und somit vom Menschen nicht bewusst erlernt wird. Zentral ist dabei, dass jede Kultur durch die Umwelt beeinflusst wird und aus diesem Grund unterschiedliche Überlebensmethoden weitergegeben werden. Dies bedeutet wiederum, dass Bräuche, Rituale oder auch Praktiken über Jahrtausende hinweg überliefert werden und sich das Kultursystem, im Zuge des stetigen Lernprozesses sowie der Wechselwirkung mit der Umwelt, permanent

---

[43] Vgl. *Hagemann/Priebe/Berger* (2014), S. 89; Vgl. *Helfrich* (2019), S. 5-7; Vgl. *Pfennig/ Müller-Schoppen* (2018), S. 36; Vgl. *Reeb Kommunikation International GmbH* (o. J.)
[44] Vgl. *best:management e.U.* (o. J.); Vgl. *Hagemann/Priebe/Berger* (2014), S. 89; Vgl. *Helfrich* (2019), S. 5-6; Vgl. *Springer Gabler | Springer Fachmedien Wiesbaden GmbH* (o. J.)

verändert. Hinzu kommt, dass den Menschen auch die gesellschaftlichen Werte und Normen in der Regel durch Sozialisations- und Enkulturationsprozesse vermittelt werden, diese jedoch immer subjektiv verarbeitet, umgeformt und angepasst werden. Nichtsdestotrotz bieten Werte und Normen den Menschen eine starke Orientierungshilfe im Leben. Daher wird es auch als eine gesellschaftliche Aufgabe angesehen, identifikationswürdige Werte zur Verfügung zu stellen.[45]

---

[45] Vgl. *Hagemann/Priebe/Berger* (2014), S. 89; Vgl. *Hoffmann* (2017), S. 28, 57

Literaturverzeichnis

Bücher:

Achouri, C. (2015), Human Resources Management 2. Auflage, Wiesbaden.

Brodbeck, F. (2016), Internationale Führung, 1. Auflage, Berlin/Heidelberg.

Franken, S. (2019), Verhaltensorientierte Führung, 4. Auflage, Wiesbaden.

Helfrich, H. (2019), Kulturvergleichende Psychologie, 2. Auflage, Berlin.

Hofert, S. (2018), Agiler Führen, 2. Auflage, Wiesbaden.

Hoffmann, G. (2017), Organisationale Resilienz, 1. Auflage, Berlin.

Holzmann, R. (2019), Wirtschaftsethik, 2. Auflage, Wiesbaden.

Lucht, D. (2019), Theorie und Management komplexer Projekte, 1. Auflage, Wiesbaden.

Pfennig, R./Müller-Schoppen, E. (2018), Nachhaltigkeitsmanagement für Führungskräfte, 1. Auflage, Wiesbaden.

Renz, P./Frischherz, B./Wettstein, I. (2015), Integrität im Managementalltag, 1. Auflage, Berlin/Heidelberg.

Siegel, Th. (2020), Gesamtheitliche Unternehmensführung für Gründer, 1. Auflage, Wiesbaden.

Stock-Homburg, R./Groß, M. (2019), Personalmanagement, 4. Auflage, Wiesbaden.

Van Dick, R./Fink, L. (2019), Führungsstile, 1. Auflage, Berlin.

Weiß, G./Zirfas, J. (2020), Handbuch Bildungs- und Erziehungsphilosophie, 1. Auflage, Wiesbaden.

Zuber, Ch. (2013), Kulturelle Veränderungen bei international handelnden Unternehmen, 1. Auflage, Lohmar.

Studienbriefe:

Bauer, Th./Arenberg, P. (2018), Wirtschaftsethik, 1. Auflage, Studienbrief der SRH Fernhochschule, Riedlingen.

Hagemann, K./Priebe, M./Berger, Th. (2014), Unternehmenskultur und interkulturelles Management, 1. Auflage, Studienbrief der SRH Fernhochschule, Riedlingen.

Artikel aus dem Internet:

AVE Institut gGmbH (2019): Die Messbarkeit des Glücks, https://ethik-heute.org/ueber-die-messbarkeit-des-gluecks/, abgerufen am 01.04.2020.

best:management e.U. (o. J.): Sozialisation, https://paedagogik-news.stangl.eu/sozialisation/, abgerufen am 31.03.2020.

BRG Dornbirn-Schoren (o. J.): "Auf die Prinzipien kommt es an". Deontologische Ethik, https://www.brgdomath.com/philosophie/philosophische-ethik-tk12/deontonolgische-handlungstheorien/, abgerufen am 01.04.2020.

b-wise GmbH (2016): Stakeholder erkennen und analysieren, https://www.business-wissen.de/hb/was-sind-stakeholder-und-was-bedeutet-der-stakeholder-ansatz/, abgerufen am 01.04.2020.

Comenius Institut (o. J.): Deontologische Ethik, http://relilex.de/deontologische-ethik/, abgerufen am 01.04.2020.

Enzyklo.de (o. J.): Konsequentialistische Ethik, https://www.enzyklo.de/Begriff/Konsequentialistische_Ethik, abgerufen am 01.04.2020.

G+J Medien GmbH (o. J.): Weltveränderer Immanuel Kant, https://www.geo.de/geolino/mensch/1437-rtkl-weltveraenderer-immanuel-kant, abgerufen am 01.04.2020.

Johannes Heinle (2017): Eine kurze Einführung in den Utilitarismus, https://www.philoclopedia.de/2017/03/04/eine-kurze-einf%C3%BChrung-in-den-utilitarismus/, abgerufen am 01.04.2020.

Modulearn (o. J.): Der Stakeholder-Ansatz in einfachen Worten erklärt, https://www.modu-learn.de/verstehen/unternehmensfuehrung/stakeholder-ansatz/, abgerufen am 01.04.2020.

Reeb Kommunikation International GmbH (o. J.): Enkulturation – frühkindliche Sozialisation & Individuation, https://www.ikud.de/glossar/enkulturation-fruehkindliche-sozialisation.html, abgerufen am 31.01.2020.

Reeb Kommunikation International GmbH (o. J.): Kulturmodell von Edgar Schein – Kulturelle Systeme, https://www.ikud.de/glossar/kulturmodell-schein-kulturelle-systeme.html, abgerufen am 31.03.2020.

RWF UZH (2015): 6. Immanuel Kant (1724-1804), http://www.rwi.uzh.ch/elt-lst-mahlmann/rechtstheorie/kant/de/html/u2_lo2_2.html, abgerufen am 02.04.2020.

Spektrum der Wissenschaft Verlagsgesellschaft mbH (o. J.): Organisationales Lernen, https://www.spektrum.de/lexikon/psychologie/organisationales-lernen/10960, abgerufen am 31.03.2020.

Springer Gabler | Springer Fachmedien Wiesbaden GmbH (o. J.): Partizipative Führung, https://wirtschaftslexikon.gabler.de/definition/partizipative-fuehrung-45755, abgerufen am 30.03.2020.

Springer Gabler | Springer Fachmedien Wiesbaden GmbH (o. J.): Sozialisation, https://wirtschaftslexikon.gabler.de/definition/sozialisation-43285, abgerufen am 31.03.2020.

ÜAG gGmbH (2018): Das Verhältnis von Unternehmenskultur und Lernkultur, https://www.projekt-mobile-thueringen.de/2018/06/04/das-verh%C3%A4ltnis-von-unternehmenskultur-und-lernkultur/, abgerufen am 31.03.2020.

Valamis Group Oy (o. J.): Organisationales Lernen, https://www.valamis.com/de/hub/organisationales-lernen, abgerufen am 31.03.2020.

Wirtschaftslexikon24.com (o. J.): Charismatische Führung, http://www.wirtschaftslexikon24.com/e/charismatische-f%C3%BChrung/charismatische-f%C3%BChrung.htm, abgerufen am 30.03.2020.

Wolters Kluwer Deutschland GmbH (o. J.): Lernkultur, https://www.personal-wirtschaft.de/produkte/hr-lexikon/detail/lernkultur.html, abgerufen am 31.03.2020.